「揚げない」揚げもの

ちょっとの油でサクッとおいしい

石原洋子

日本文芸社

これからは家でも
「揚げもの」がつくれるように
なるはずです

　鶏のから揚げやとんカツ、コロッケなど「揚げもの」は、みんなの大好きなおかず。カリッ、サクッとした揚げたてのおいしさはたまりません。だんなさんやお子さんから熱望されるお宅も少なくないと思います。

　しかし実際は、揚げものづくりは、揚げ油をたくさん使って大がかりだし、油の処理が面倒だし、キッチンがべたつきそうだし……と、敬遠されがち。おまけに、油がはねて怖そう！　幼い子どもがいるから高温の油は危険！　という理由から、家ではつくれないものとあきらめている人も多いのではないでしょうか。

　そのことは、スーパーやデパ地下のお惣菜コーナーなど、揚げもののパックがたくさん並ぶ売り場にも表れていると思います。

　だけど、揚げものは、揚げたてがいちばんおいしいはず。その揚げたては、買ってきたものでは味わうことができません。

　家でも気軽に、揚げたての揚げものを味わいたい！　そんな要望にお応えするべく、「揚げない」揚げものレシピをご紹介します。

　使う油は、たったの大さじ1/2〜大さじ6。揚げ油を使わずに焼くだけで、ちゃんとカリカリッ、サクサクッと香ばしくてジューシーな揚げものができます。

　この本で紹介する「揚げない」揚げもののつくり方なら、家でも、手軽に揚げものが味わえるようになるはずです。

石原洋子

この本で紹介する 「揚げない」揚げものについて

「揚げもの」は、揚げ油をたくさん使いますが、この本では、揚げものとしてよく知られている料理を、「揚げずに」少ない油でつくる方法を紹介します。
　フライごろもをつけて揚げるもの、から揚げ、天ぷら、素揚げ、春巻きなどの皮で包んで揚げるものなど、あらゆる種類の「揚げもの」が、揚げ油を使わずにつくれるようになります。

「揚げない」揚げものの 5つのメリット

1. 揚げ油がいらない

「揚げない」揚げものは、ふだん炒めたり、焼いたりするときに使うフライパン・卵焼き器を使います。深い鍋に多くの揚げ油を入れる必要がないので、油の消費量も少なく、揚げ油を処理する手間もなし。

2. 油の温度をはからなくていい

本来の揚げもののつくり方には、揚げ油の温度を170℃に熱して……などの記述があります。菜箸を油の中に入れて泡の出方で判断したり、ころもを少し落として浮かんでくるスピードで見分ける必要がありますが、「揚げない」揚げものはそれらの手間は一切かかりません。

3.「油はね」がないから、怖くない

この本で紹介する「揚げない」揚げものは、使う油の量が少なく、油はねの原因となる水気を含む材料でつくるときには、ふたをします。焼くのとほぼ同じ状態なので、油がはねて怖いということはないはず。

4. 初心者でもカラッと香ばしくできる

少ない油で焼くようにこんがりとした色をつけていき、表面全体を焼き、必要に応じてさらにフライパンの油を拭き取って、表面をカリッと仕上げます。そのため、ころもがサクッと香ばしく仕上がります。

5. 冷めてもベタつかない

使う油の量が少ないので、油の吸収量も少なめ。でき上がってから時間がたっても、下のほうに油がたまってベタッとすることがなく、食べたときにもさらっとしていて、冷めてもおいしいのが魅力。

もくじ

これからは家でも「揚げもの」がつくれるようになるはずです —— 3
この本で紹介する「揚げない」揚げものについて —— 4
「揚げない」揚げものの5つのメリット —— 5
「揚げない」揚げもののつくり方 —— 8
「揚げない」揚げもののころもと油について・この本の使い方 —— 10

第1章
「揚げない」肉の揚げもの

鶏のから揚げ —— 12
キャベツとんカツ —— 14
ひと口カツサンド —— 16
　ヒレカツ
ハムカツ —— 18
メンチカツ —— 20
フライドチキン —— 22
和牛コロッケ —— 24
ラムチョップのパン粉揚げ —— 26
豚肉のミラネーゼ —— 28
鶏むね肉の
　クリスピーチーズ焼き —— 30
天ぷらうどん —— 32
　鶏天／ちくわ天
豚天 —— 34
鶏ささ身のごま揚げ —— 35
豚肉の竜田揚げ —— 36
肉だんごのから揚げ —— 37
豚こまのカレー串揚げ —— 38
酢豚 —— 40
五目焼き春巻き —— 42
豚肉のアジア風揚げ漬け —— 44

第2章
「揚げない」魚介の揚げもの

えびフライ —— 48
あじフライ —— 50
いわしのさつま揚げ —— 52
鮭のアーモンドフライ —— 54
えびカツサンド —— 56
　えびカツ
あじの南蛮漬け —— 58
えびとコーンの包み揚げ —— 60
たこの土佐揚げ —— 62
さわらのから揚げ
　黒酢あん —— 63

第3章

「揚げない」野菜と豆腐の揚げもの

シューストリングスのサラダ ── 66
 シューストリングス
フライドポテト ── 68
カリフラワーの
 カリカリチーズ揚げ ── 69
精進揚げ ── 70
 なすの天ぷら／かぼちゃの天ぷら／
 ズッキーニの天ぷら
いも天 ── 72
玉ねぎのかき揚げ ── 73
揚げ豆腐のサラダ ── 74
 揚げ豆腐
がんもどき ── 76
なすの揚げびたし ── 78
里いものだんご揚げ ── 80
じゃがいもとねぎのお焼き風 ── 81
れんこんのはさみ焼き ── 82
アスパラの肉巻きフライ ── 84
ズッキーニのパリパリチーズ焼き ── 86
じゃがいものパリパリチーズ焼き ── 87
野菜チップス ── 88
 ゴーヤチップス／にんじんチップス／
 ごぼうチップス

「揚げない」おやつコラム

1 チーズのパン包み焼き ── 46
2 大学いも ── 64
3 あん巻き ── 90
4 りんご巻き ── 91
5 焼きドーナツ ── 92

INDEX ── 94

「揚げない」揚げものの つくり方

使うのは、フライパンと卵焼き器

ここでは、直径26cmの大きめのフライパン Large、22cmの小さめのフライパン Small、卵焼き器（サイズ：長さ19×幅13.5×高さ3.5cm） Egg を使います。

使う油は大さじ計量

使う油はちょっとの量なので、すべて大さじで示しています。この本でつくる「揚げない」揚げもので使うのは、大さじ1/2〜6だけ。油を入れたら中火で熱します。

底にぎっしり入れる

フライパン（または卵焼き器）の底いっぱいに材料を並べると、フライパンの中の油の高さがでるため、焼き色がつきやすくなります。ころもがはがれる原因になるので、隣どうしがくっつかないよう注意。

こんがりとした焼き色がついたら返す

下になっている面に焼き色がつくまでは触らずに。3分くらいして、こんがりとした焼き色がついたらひっくり返します。

全体に焼き色をつける

両面に焼き色がついたら、側面にも焼き色がつくよう、フライパン(または卵焼き器)を傾けて色の薄い部分に油をあてて火を通します。

油を拭き取る

ころもの薄い揚げものや素揚げをつくるときは、全体にこんがりとした焼き色がついたら、フライパン(または卵焼き器)の底の油をペーパータオルで拭き取って、さらに表面をカリッと仕上げるとおいしく焼き上がります。パン粉など厚いころものものは拭き取りません。

油をきる

フライパン(または卵焼き器)から取り出した後、バットに重ねた網にペーパータオルを敷いた上にのせて油をきると、カラッと仕上がり、「揚げない」揚げものの完成です。

■ **油を吸い取るときの、ペーパータオルのたたみ方**

縦に4つ折りにし、端から三角に折っていき、端を内側に入れて三角形にまとめます。菜箸ではさんで使いやすく、油を吸収しやすくなり便利。

「揚げない」揚げものの
ころもと油について

この本で紹介する「揚げない」揚げものでは、以下のころもと油を使います。

小麦粉、片栗粉、米粉

柔らかく仕上がる小麦粉、サクッと仕上がる片栗粉、カリッと仕上がる米粉。ころもがかたくなってしまった場合は、マヨネーズ状になるまで冷水の量を調節してください。

パン粉

フライやコロッケに使うのは、パン粉。この本では、手に入りやすい乾燥パン粉を使っています。そのまま使うほか細かく砕くとカリカリッとした食感が楽しめます。

アーモンド、ごま、粉チーズ

スライスアーモンド、ごま、粉チーズ(パルメザンチーズ)などをころもとして使う「変わりごろも」のレシピも紹介。粉チーズはパン粉と混ぜて使うこともあります。

油

この本では、主にサラダ油を使用しています。こくを出し、香りよく仕上げたい場合は、オリーブ油を使っています。

この本の使い方

- この本で紹介するレシピの材料は、「2人分」が基本です。それ以外のほうがつくりやすい分量の場合は、各レシピに明記しています。
- 小さじ1＝5㎖、大さじ1＝15㎖、1カップ＝200㎖です。
- 材料の「塩」は自然塩、「小麦粉」は薄力粉のことです。
- だし汁は、昆布と削り節でとったものを使用しています。煮干しや、市販の和風だしの素を使うなど、好みのものでとっただしでもかまいません。
- この本では、フライパンは下記を使用しています。
- 🍳Largeは直径26cmのフライパン
- 🍳Smallは直径22cmのフライパン
- 🍳Eggは卵焼き器(19×13.5×高さ3.5cmのもの)
- 2人分をつくるのに、2回に分けて焼くものは、「1回分に使う油の分量×2」と表記しています。
- 電子レンジの加熱時間は、600Wのものです。700Wの場合は0.8倍、500Wの場合は1.2倍を目安に加熱してください。

第 1 章

「揚げない」肉の揚げもの

から揚げから、とんカツ・ハムカツ・メンチカツなどのカツ類、
豚天や竜田揚げなど和風の揚げもの、
春巻き、酢豚など、中国料理の定番メニュー……
肉でつくる揚げものの人気レシピのオンパレードです。
どれも揚げずにできるから、これからは家でも簡単に！

鶏のから揚げ

揚げものといえば、まず名前があがる人気者、から揚げ。
しょうゆ味の下味をしっかりつけて片栗粉と小麦粉をまぶし、
外はカリッと、中はジューシーに焼きます。

■ 材料（2人分）
鶏もも肉（小）　2枚（400g）
片栗粉　大さじ5
小麦粉　大さじ5
A ┌ 酒　大さじ1と1/2
　 │ しょうゆ　大さじ1と1/2
　 └ おろししょうが　大さじ1/2
サラダ油　大さじ6

■ つくり方　Large

1. 鶏肉は余分な脂を取り除き、ひと口大に切ってボウルに入れ、Aを加えて汁気がなくなるまでよくもみ込んで下味をつけるⓐ。
2. 片栗粉と小麦粉を混ぜ合わせ、半量を1の鶏肉にふって混ぜる。しっかりと全体になじんだら、残りの粉を加えて粉っぽさが表面に残るくらいに混ぜるⓑ。
3. フライパンにサラダ油を中火で熱し、2をひと切れずつ離して入れる。3分ほどしてこんがりとした色がついたら返すⓒ。
4. もう片面も3分ほど焼き、フライパンを傾けて手前の油に色の薄い部分をつけて返しながら、中に火が通るまで3分ほど焼く。フライパンの油をきれいに拭き取り、弱火にして表面がカラッとするまで2〜3分焼く。

■ Point

下味の調味料は、ボウルに液体が残らなくなるまでよくもみ込んで鶏肉になじませる

粉類は、水気が外に出ないようガードするため2回に分けて加え、2回目は混ぜすぎないこと

フライパンに入れたら、しばらく触らない。下側にこんがりとした色がついたら返す

キャベツとんカツ

とんカツと好相性のキャベツを、薄切り肉ではさんで焼くと、なんとも軽い味わいのカツに。豚肉は、はさむとき、ころもつけのときにまわりをしっかり押さえればちゃんとくっつきます。

■ 材料（2人分）
豚ロース薄切り肉　8枚（200g）
キャベツ　1〜2枚（150g）
ころも
　　小麦粉　適量
　　溶き卵　1個分
　　パン粉　適量
小麦粉　適量
塩　適量
こしょう　少々
サラダ油　大さじ3×2

■ つくり方　Large

1. キャベツは水気をよく拭き取り、長さ3〜4cmのせん切りにする。耐熱容器に入れ、ラップをして、電子レンジで約50秒加熱してしんなりさせ、粗熱をとる。軽く絞って塩少々をふる。
2. 豚肉は2枚1組で使う。塩、こしょう各少々をふったバットに1枚ずつ並べ、小麦粉を茶こしで内側になる面にまんべんなくふる。キャベツを等分に豚肉からはみ出さないようにのせⓐ、もう1枚を重ね、まわりを押さえて閉じるⓑ。
3. ころもをつける。2に小麦粉をつけ、余分な粉を落とし、まわりを閉じるように押さえてしっかりとつける。すべてに小麦粉をつけてから、溶き卵、パン粉の順につける。卵をつけるときは、フライ返しを使うとよい。パン粉をつけたら、まわりをしっかり押さえて閉じる。
4. 2つずつ焼く。フライパンにサラダ油大さじ3を中火で熱し、3を盛りつけたときに表になる面を下にして（肉の幅の広いほうを左側にして盛る）2つ入れ、きれいな色がつくまで2〜3分焼いて返し、均一に焼き色がつくように2〜3分焼く。取り出して油をきる。
5. フライパンの油を拭き取って、サラダ油大さじ3を熱し、残りの2つも同様に焼く。

■ Point

ⓐ 2枚1組にした豚肉1枚に、キャベツをはみ出さないようのせる

ⓑ もう1枚の豚肉を重ね、まわりをしっかり押さえて留める

ひと口カツサンド

豚のヒレ肉は、キメが細かく脂が最も少ない部位で柔らかいのが特徴。
そのヒレ肉を焼いたひと口サイズのとんカツは、
キャベツと一緒にカツサンドにして食べるのがおすすめです。

ヒレカツ

■ 材料（2人分）

豚ヒレ肉　1/2本（200g）
ころも
　┌ 小麦粉　適量
　│ 溶き卵　1個分
　└ パン粉　適量
塩、こしょう　各少々
サラダ油　大さじ3

■ Point

ヒレ肉は、ひと切れが小さくても、切り分けてから手で押し広げると大きくなる

溶き卵をつけるときは左手を、パン粉のバットに移してからは、きれいな右手を使う

■ つくり方　　Large

1. 豚肉は厚さ1.5cm（または6等分）に切り、手で押して厚みを薄くし ⓐ、両面に塩、こしょうをふる。
2. 1の豚肉に小麦粉をまんべんなくつけ、余分な粉をはたく。ひと切れずつ溶き卵をからめ（ここまでは左手で）、パン粉のバットに移し ⓑ、右手（利き手）でしっかりと押さえて全体にまぶしつけて、余分なパン粉をはたき落とす。ころもの最後のパン粉は、利き手を使うと、きれいにつけられる。
3. フライパンにサラダ油を中火で熱し、2を入れて3～4分焼き、パン粉が固まってきつね色になったらそっと返し、もう片面も3～4分焼いて中まで火を通す。取り出して油をきる。

ひと口カツサンド

■ 材料（2人分）とつくり方

キャベツ1～2枚（60g）は洗ってせん切りにする。食パン（8枚切り）4枚をトーストしてバター、練り辛子各適量を混ぜて塗る。2枚にキャベツ、ヒレカツ全量の順に等分にのせ、とんかつソース適量を塗って残りのパンをのせ、サンドする。縦半分に切る。

ハムカツ

惣菜売り場や定食屋での人気メニュー、ハムカツ。
ハムにチーズをはさむと、ほどよい塩気とこくが加わります。
チーズがとろけた焼きたては、最高のおいしさ。

■ 材料（2人分）
ロースハム　8枚（100g）
プロセスチーズ（切れてるタイプ）　4枚（30g）
ころも
　┌ 小麦粉　適量
　│ 溶き卵　1個分
　└ パン粉　適量
小麦粉　少々
サラダ油　大さじ3

■ つくり方　Large

1. ハムは2枚1組で使う。ハムをバットに1枚ずつ並べ、小麦粉を茶こしで表面（内側になる面）にふる。4枚にチーズをのせ、残りのハムを重ねてはさみ、まわりを押さえて閉じるⓐ。
2. 1にころもの小麦粉をつけ、まわりを押さえてしっかりと閉じる。4つとも小麦粉をつけてから、溶き卵、パン粉の順につける。
3. フライパンにサラダ油を中火で熱し、2を入れて1分30秒ほど焼くⓑ。きれいな色がついたら返し、均一に焼き色がつくように1分30秒ほど焼く。取り出して油をきる。

■ Point

ハムの小麦粉をふった面を内側にして、チーズをはさみ、まわりを押さえてくっつける

ハムの形が盛り上がって見えている面から先に焼くと、表面が平らに焼き上がる

メンチカツ

ひき肉と同量のキャベツ、半量の玉ねぎを混ぜてたねをつくり、柔らかくて軽いメンチカツに。焼くときは、卵焼き器を使うとちょうど4個が納まるので、使い勝手がよくおすすめです。

■ 材料（2人分）

ひき肉だね
- 合びき肉　100g
- 塩　小さじ1/4
- こしょう　少々
- キャベツ　100g
- 玉ねぎ　1/4個（50g）
- パン粉　1/4カップ

ころも
- 小麦粉　適量
- 溶き卵　1個分
- パン粉　適量

サラダ油　大さじ4

■ つくり方

1. キャベツは細切りにして長さ1cmに切り、玉ねぎはみじん切りにする。
2. ボウルにひき肉、塩、こしょうを入れて手でよく練り混ぜる。キャベツ、玉ねぎ、パン粉を加え、まんべんなく練り混ぜる。4等分にし、小判形にまとめ、まわりがひび割れないように形づくるⓐ。
3. ころもをつける。先に4個とも小麦粉をしっかりつけてからⓑ、1個ずつ溶き卵、パン粉の順につけていく。
4. 卵焼き器にサラダ油を中火で熱し、3を入れて3〜4分焼いて返す。さらに3〜4分、両面にきれいな色がつき、中に火が通るまでスプーンで油をすくってかけながら焼く（何度も返していると油の汚れがメンチについてしまうので、返すのは1度だけ）ⓒ。取り出して油をきる。

■ Point

形づくるとき、ひびが入っている部分を指で押さえながら形をととのえると、なめらかになる

小麦粉をしっかりとつけて、肉だねに膜をつくるとひびが入りにくく、きれいに仕上がる

返したときに色が薄い部分に、油をすくってかけながら焼き、全体に均一な色をつける

フライドチキン

おつまみやおやつに人気のカリカリの骨つきチキン。
小さめのフライパンを使った、シンプルな塩味のこのレシピは、
手軽にできておいしいから、きっと繰り返しつくりたくなるはず。

■ 材料（2人分）
鶏手羽中　6本（300g）
片栗粉　大さじ1
小麦粉　大さじ1
A ┌ 酒　大さじ1/2
　└ 塩　小さじ1/2
サラダ油　大さじ3

■ つくり方　Small

1. ポリ袋に鶏肉、Aを入れてもみ込み、15分ほどおく。
2. 片栗粉と小麦粉を混ぜ合わせる。1に半量の粉を入れてまぶし、全体になじんでしっとりしたら、残りの粉をふり入れてまぶす。
3. フライパンにサラダ油を中火で熱し、2の皮の面を下にして並べ、ふたをして2〜3分焼くⓐ。
4. きれいな焼き色がついたら、返して、同様に2〜3分焼く。ふたを取って、フライパンを傾けて色の薄い部分が油につくようにしながら、全体に均一な焼き色をつけるⓑ。
5. フライパンの油を拭き取って、弱火にして2〜3分表面を焼いて、カリッとさせる。

■ Point

手羽肉はふたをして焼けば、皮の水分がはねても安心。ふたについた水滴は返すときに拭き取る。

フライパンを傾けて色の薄い部分を油にあてながら、全体に均一な焼き色をつける

和牛コロッケ

ほくほくのじゃがいもに、うまみ濃厚な牛ひき肉を混ぜて、
パン粉のころもで焼いた、サクサクコロッケ。
少ない油で香ばしく焼けるよう、楕円形にまとめます。

■ 材料（2人分）
たね
- じゃがいも　2個（300g）
- 牛ひき肉　100g
- 玉ねぎ　1/2個（100g）
- 塩　小さじ1/3
- こしょう　少々
- サラダ油　大さじ1/2

ころも
- 小麦粉　適量
- 溶き卵　1個分
- パン粉　適量

サラダ油　大さじ3

■ つくり方　Large

1. じゃがいもは皮をむき、大きめのひと口大（4等分）に切って鍋に入れ、じゃがいもの半分の高さの水を加え、ふたをして中火にかける。煮立ったら弱めの中火にし、竹串がスーッと通るまで15分ほどゆでる。玉ねぎはみじん切りにする。
2. フライパンにサラダ油大さじ1/2を中火で熱し、玉ねぎを入れて透き通るまで炒め、ひき肉を加え、ほぐすように炒める。色が変わったら塩、こしょうを加えて炒め合わせる。
3. 1のじゃがいものゆで汁を捨て、弱火にかけて鍋をゆすりながら粉ふきにし、水分を飛ばすⓐ。ボウルにあけて、マッシャーやフォークでつぶし、2を加えて混ぜる。6等分にし、小判形にまとめるⓑ。
4. ころもをつける。先に6個とも小麦粉を薄くつけ、溶き卵、パン粉の順につける。
5. フライパンにサラダ油大さじ3を中火で熱し、4を入れて3～4分焼き、きれいな色がついたら返し、もう片面も同様に焼く。均一に色がついたら、取り出して油をきる。

■ Point

ゆでたじゃがいもは粉ふきにして水分をとばすと、水っぽくないほくっとしたたねができる

たねは6等分にし、まわりがひび割れないよう、まとめる

ラムチョップのパン粉揚げ

ラム肉にフライごろもをつけて香ばしく焼きます。
特有のクセのあるラム肉は、パン粉に同量のパセリを混ぜれば味わい深く。
ころもをつけるのは、表裏の両面だけなので、簡単です。

■ 材料（2人分）
ラムチョップ　6本（500g）
ころも
　┌　小麦粉　適量
　│　溶き卵　1個分
　│　パン粉　大さじ4
　└　パセリのみじん切り　大さじ4
塩　小さじ1/3
こしょう　少々
オリーブ油　大さじ3

■ つくり方　Large

1. ラム肉は塩、こしょうをふる。ころものパン粉とパセリは混ぜ合わせる。
2. 1のラム肉の両面に小麦粉、溶き卵、1のパセリパン粉の順にころもをつける（側面にはつけない）ⓐ。
3. フライパンにオリーブ油を中火で熱し、2の肉を入れ（盛りつけたときに表にする面を下にして）、3分ほど焼く。きれいな焼き色がついたら返しⓑ、裏面も同様に焼く。取り出して油をきる。

■ Point

パン粉とパセリのみじん切り同量を混ぜたパセリパン粉を、両面につける。側面にはつけない

フライパンに並べ入れ、こんがりとした焼き色がついたら返す

豚肉のミラネーゼ

豚肉を薄くたたいてのばし、チーズ入りの細かいパン粉をつけて焼くミラネーゼ風カツレツ。1枚が大きくなるので、小さなフライパンで1枚ずつ焼くとカリッと香ばしく焼けます。

■ 材料（2人分）

豚ロースとんかつ用肉　2枚（200g）
ころも
- 小麦粉　適量
- 溶き卵　1個分
- パン粉　1/2カップ
- 粉チーズ（パルメザンチーズ）　大さじ3

塩　小さじ1/4
こしょう　少々
オリーブ油　大さじ2×2

■ つくり方　Small

1. ころものパン粉は、ポリ袋に入れてもんで細かくして ⓐ、粉チーズを混ぜ合わせる。豚肉は肉と脂身の境目と脂身の外側に数カ所包丁を入れて筋を切り ⓑ、ラップで肉をはさみ、麺棒でたたいて厚さ6〜7mmにのばす ⓒ。塩、こしょうを両面にふる。
2. ころもをつける。1の豚肉に小麦粉をつけ、溶き卵、1のチーズパン粉の順につける。卵をつけるときは、フライ返しを使うとよい。
3. フライパンにオリーブ油大さじ2を中火で熱し、2の豚肉1枚を盛りつけたとき表側になる面を下にして入れ（幅の広いほうを左側にして盛る）、3分ほど焼く。きれいな焼き色がついたら返し、裏面も2分、中に火が通るまで焼く。取り出して油をきる。
4. 3のフライパンの油を拭き取って、オリーブ油大さじ2を熱し、残りの1枚も同様に焼く。

■ Point

ⓐ カリカリッとさせるため、パン粉は手でもんで細かくする

ⓑ 豚肉は、焼いても縮まないよう、筋切りをしておく

ⓒ ラップではさんで麺棒でたたいて、厚さ6〜7mmにのばすと繊維がこわれて柔らかくなる

鶏むね肉の
クリスピーチーズ焼き

鶏むね肉を薄くのばして焼き色をつけてから、
粉チーズをはりつけて押さえ、カリッと焼けばでき上がり。
チーズが香ばしく焼けてワインのおつまみにもぴったりです。

■ 材料（2人分）
鶏むね肉（皮なし）　1枚（150g）
粉チーズ（パルメザンチーズ）　大さじ8（50g）
こしょう　少々
サラダ油　大さじ1/2

■ つくり方　Large

1. 鶏肉は10枚くらいにそぎ切りにし、ラップではさんで麺棒でたたいて厚さ5mmに薄く広げる。こしょうを両面にふる。
2. フライパンにサラダ油を中火で熱し、1の鶏肉を広げて入れ、片面1分ずつ、両面に薄い焼き色がつくまで焼き、フライパンの油を拭き取るⓐ。
3. 鶏肉の上に粉チーズの半量をのせⓑ、すぐに裏返してフライ返しで押さえ、チーズの面をカリカリに焼くⓒ。さらに上の面にも残りの粉チーズをのせて返し、フライ返しで押さえてカリカリに焼く。

■ Point

粉チーズがくっつきやすいよう、フライパンの油を拭き取る

ひと切れずつに粉チーズをのせて返す

チーズの面がカリッと焼けるようフライ返しで押さえて焼く

天ぷらうどん

小麦粉に米粉を混ぜたころもをつければ、
カリッと軽く焼き上がって天ぷら風に。
青のり入りの天ぷらをうどんにのせて、天ぷらうどんでいただきます。

鶏天

■ 材料（2人分）
鶏むね肉　1枚（200g）
ころも
　┌ 米粉　大さじ3
　│ 小麦粉　大さじ3
　│ 青のり　大さじ1/2
　└ 冷水　50㎖
A ┌ 酒　大さじ1/2
　└ 塩　少々
サラダ油　大さじ3

■ つくり方　🍳 Large

1. 鶏肉はひと口大のそぎ切りにし、Aをもみ込んで下味をつける。
2. ころもの材料をよく混ぜ、1の鶏肉を入れて混ぜる ⓐ。
3. フライパンにサラダ油を中火で熱し、2を1枚ずつ広げて離して入れ、片面2〜3分ずつ両面をカリッと焼く。取り出して油をきる。

■ Point

ころものボウルに鶏肉をすべて入れ、もみ込んで表面につける

ちくわ天

■ 材料（2人分）とつくり方　🍳 Egg
ちくわ大2本（200g）は縦半分に切る。ころもの材料（米粉大さじ3、小麦粉大さじ3、青のり大さじ1/2、冷水50㎖）をよく混ぜる。卵焼き器にサラダ油大さじ3を中火で熱し、ちくわにころもを薄くつけⓑ、隣どうしがくっつかないように入れ、途中返しながら両面がカリッとするまで4〜5分焼く。油をきる。

ころも（マヨネーズ状のかたさ）のボウルにちくわを入れ、ひと切れずつ手でころもを薄くのばしてフライパンに入れる

天ぷらうどん

■ 材料（2人分）とつくり方
鍋にだし汁600㎖を煮立てて酒、みりん各大さじ3を加え、ひと煮立ちしたらしょうゆ大さじ3を加える。冷凍うどん2玉は袋の表示通り温めてどんぶりに入れる。つゆを注いで鶏天6個とちくわ天4本を等分にのせ、長ねぎの小口切り適量を添える。

豚天

天ぷらごろもに豚肉と好相性の紅しょうがを混ぜ込んで焼きます。
これだけで、おつまみにもぴったりなのはもちろん、
うどんにのせて、天ぷらうどんにして楽しんでも。

■ 材料（2人分）
豚こま切れ肉　200g
紅しょうがのせん切り
　　30g
ころも
　┌ 米粉　大さじ3
　├ 小麦粉　大さじ3
　└ 冷水　50㎖
塩　少々
サラダ油　大さじ3

■ つくり方　Large

1. 豚肉は塩をもみ込んで下味をつける。
2. ころもの材料をよく混ぜたところに、豚肉と紅しょうがを加えて混ぜる。
3. フライパンにサラダ油を中火で熱し、2をひと口サイズにまとめるようにして入れ、平たくなるように広げる。隣どうしがくっつかないようにして、途中返しながら中に火が通るまで9〜10分、全体がカリッとするまで焼く。取り出して油をきる。

鶏ささ身のごま揚げ

白ごまをころもにしたごま揚げは香ばしく、
冷めてもカリカリのままなので、おべんとうのおかず向き。
ころもはごまだけなので、驚くほど手軽にできます。

■材料（2人分）
鶏ささ身
　3～4本（200g）
白ごま　大さじ8
A ┌ 酒　大さじ1/2
　└ 塩　小さじ1/3
サラダ油　大さじ3

■つくり方　Large

1. 鶏肉は厚さ1cmのひと口大のそぎ切りにし、Aをまぶして5分ほどおく。さっと水気を拭き取り、ころもの白ごまをまんべんなくつける。
2. フライパンにサラダ油を中火で熱し、1の鶏肉を入れ、香ばしい焼き色がつくまで3分ほど焼き、裏返してさらに3分ほど香ばしくカリッとするまで焼く。油を拭き取り、さらにカリッとさせる。

豚肉の竜田揚げ

しょうゆで下味をつけて片栗粉をまぶして揚げる竜田揚げも
揚げずに焼いて、カリッとでき上がり。
豚肉を薄く広げて焼き、炒めたしし唐と盛り合わせます。

■ 材料（2人分）
豚こま切れ肉　200g
しし唐辛子　小1パック
片栗粉　大さじ5
A ┌ しょうゆ　大さじ1
　├ 酒　大さじ1/2
　└ おろししょうが　小さじ1
サラダ油　大さじ3

■ つくり方　🥄 Large

1. 豚肉は大きいものは半分に切り、Aをまぶして汁気がなくなるまでもむ。しし唐はへたの先を切り落とし、包丁の先で切れ目を1本入れる。
2. 1の豚肉に片栗粉をまぶす。
3. フライパンにサラダ油を中火で熱し、2をひと切れずつ広げて入れ、表面がカリッとするまで、3〜4分ずつ両面を焼く。両面が色よくカリッとしたら、取り出して油をきる。次にしし唐を加え、1分ほど炒める。豚肉とともに器に盛る。

肉だんごのから揚げ

中はふわふわ、外側はカリッとして、本当に揚げたよう。
小さなフライパンにぎっしりと詰めて入れ、
傾けて焼くことが、おいしくつくるポイントです。

■ 材料（2人分）
ひき肉だね
　├ 豚ひき肉　200g
　│ 長ねぎのみじん切り
　│ 　大さじ3
　│ おろししょうが　小さじ1
　│ 卵（小）　1個
　│ 酒、水　各大さじ1
　│ 塩　小さじ1/3
　└ 片栗粉　大さじ2
サラダ油　適量

■ つくり方

1. ボウルにひき肉だねの材料を入れ、粘りが出てもったりとするまでよく練り混ぜる。12等分にし、手にサラダ油少々をつけて、丸める。
2. フライパンにサラダ油大さじ3を中火で熱し、1を1個ずつ山高にこんもりと入れる。表面が固まるまで3〜4分焼いて、きれいな焼き色がついたら返し、香ばしく色づいて中に火が通るまで、フライパンを傾けて3〜4分焼く。フライパンの油を拭き取って、カリッとするまで焼く。

豚こまのカレー串揚げ

交互に刺している豚肉とねぎのおいしいハーモニー。
こま切れ肉を丸めているから、サクッとしたころもの中の豚肉は、
とても柔らかくてジューシーです。

■ 材料（2人分）
豚こま切れ肉　200g
長ねぎ　1本
ころも
　┌ 小麦粉　適量
　│ 溶き卵　1個分
　└ パン粉　適量
A ┌ 塩　小さじ1/4
　└ カレー粉　大さじ1/2
サラダ油　大さじ5

■ つくり方　Large

1. 豚肉は大きいものはひと口大に切り、Aをまぶして12等分にし、丸める。長ねぎは長さ2.5cmのぶつ切りする（8切れ用意する）。
2. 竹串に豚肉、長ねぎ、豚肉、長ねぎ、豚肉の順に刺すⓐ。
3. 2の全体に小麦粉をまぶしⓑ、溶き卵、パン粉の順にころもをつける。
4. フライパンにサラダ油を中火で熱し、3を入れて3～4分焼く。きつね色になったら返して、四方向全面を6～7分焼いて中まで火を通す。取り出して油をきる。

■ Point

豚肉は丸めて、ねぎと交互に竹串にすきまなく刺す

全体にしっかり小麦粉をまぶし、余分な粉をはたく

酢豚

卵のサクッとしたころもに包まれた豚肉を焼いたら
彩り野菜とともに、甘酸っぱいケチャップあんに手早くからめて仕上げる、
人気の中華おかずです。見た目にも鮮やかな一皿に。

■ 材料（2人分）

豚カレー用角切り肉　200g
ピーマン　1個
赤パプリカ　1/2個
玉ねぎ　1/4個
ころも
　┌ 溶き卵　1/2個
　└ 片栗粉　大さじ3
　┌ 酒　大さじ1/2
A│ しょうゆ　大さじ1/2
　└ おろししょうが　小さじ1/2
あん
　┌ トマトケチャップ
　│　　大さじ2
　│ 砂糖　大さじ1
　│ しょうゆ　大さじ1
　│ 酢　小さじ2
　│ 水　50ml
　└ 片栗粉　小さじ1
サラダ油
　　大さじ3＋大さじ1/2

■ つくり方　Small

1. 豚肉は3cm角に切り、Aとともにビニール袋に入れてもみ込み、10分ほどおいて下味をつける。ピーマンは縦半分に切ってへたと種を取って乱切りにする。赤パプリカも乱切りにする。玉ねぎは縦に半分、長さを半分に切り、バラバラにしておく。あんの材料をボウルに混ぜ合わせておく。
2. 1の豚肉のビニール袋に、ころもの溶き卵をからめ、片栗粉をまぶす。
3. フライパンにサラダ油大さじ3を中火で熱し、2の豚肉をくっつかないようにひと切れずつ入れる。3分ほど焼いてきれいな焼き色がついたら返し、3分ほど焼き、フライパンを傾けて中まで火を通すⓐ。油を拭き取って、弱火でカリッとするまで焼いて、取り出す。
4. フライパンにサラダ油大さじ1/2を熱し、玉ねぎ、ピーマン、赤パプリカを入れて強めの中火で炒める。玉ねぎが透き通り、ピーマンが色鮮やかになったら、1のあんの材料をもう一度よく混ぜてまわし入れ、とろみをつけるⓑ。3の豚肉を戻して手早く炒め合わせる。

■ Point

両面を焼いたら、フライパンを傾けて、返しながら全体を焼く

野菜を炒め、あんの材料を加えて混ぜながらとろみをつける

五目焼き春巻き

パリッ、サクッとした皮が魅力の春巻きも
フライパンでこんがり焼いてつくれます。
覚えておきたい具だくさんの本格味も、家で簡単に。

■ 材料（10本分）

豚もも薄切り肉　100g
ゆでたけのこ　100g
生しいたけ　4枚（80g）
春雨　30g
にら　1/2束（50g）
春巻きの皮　10枚
合わせ調味料
　┌ しょうゆ　大さじ1
　│ 酒　大さじ1/2
　│ 砂糖　小さじ1
　│ こしょう　少々
　└ 水　大さじ1
　┌ しょうゆ　小さじ1
A│ 酒　小さじ1
　└ 片栗粉　小さじ1
水溶き片栗粉（片栗粉小さじ1
　を水小さじ2で溶いたもの）
のり（小麦粉大さじ1と
　水大さじ1/2を練り混ぜたもの）
サラダ油
　大さじ1＋大さじ3×2

■ つくり方　　Large

1. 春雨は熱湯に5分ほど浸してもどし、ざるに上げ、長さ5〜6cmに切る。たけのこは細切りにして水からさっとゆでてざるに上げ、水気をきる。しいたけは軸を除いて薄切りにし、にらは長さ4cmに切る。合わせ調味料の材料を合わせておく。
2. 豚肉は細切りにしてボウルに入れ、Aをもみ込む。
3. フライパンにサラダ油大さじ1を中火で熱し、2の豚肉を炒め、色が変わったらしいたけ、たけのこ、春雨、にらの順に加えて炒め、合わせ調味料で味つけし、水溶き片栗粉を加えて具をまとめる。バットに移して冷まし、10等分にする。
4. 春巻きの皮を広げて3の具を1/10量のせⓐ、包むようにして巻きⓑ、皮の向こう側の2辺にのりを塗って閉じる。
5. 5本ずつ焼く。フライパンにサラダ油大さじ3を熱し、4の半量を入れⓒ、弱めの中火で3分ほど、皮が香ばしくパリッとなるまで焼いて返し、さらに3分ほどきれいな焼き色がつくまで焼く。取り出して油をきる。残りの5本も同様に焼く。

■ Point

皮の角を手前にしておき、具を半分より手前にのせる

手前からひと巻きし、左右の端をたたんで、向こう側に巻く

焼くときは閉じ目を下にして入れて焼くとしっかりとくっつく

豚肉のアジア風揚げ漬け

ごく薄く小麦粉をまぶして、カリカリに焼いた豚肉を
フレッシュな野菜とともに甘酸っぱいナンプラー風味のたれに
からめて仕上げます。サラダ感覚でさわやかな味わいです。

■ 材料（2人分）
豚肩ロース薄切り肉　200g
赤玉ねぎ（小）　1/2個（80g）
赤ピーマン　1個
セロリ　1/3本
香菜の葉　1株分
たれ
　┌ おろしにんにく　少々
　│ はちみつ　大さじ1
　│ レモンの絞り汁　大さじ1
　│ 香菜の茎（みじん切り）　1株分
　│ ナンプラー　大さじ1
　└ サラダ油　大さじ1
塩、こしょう　各少々
小麦粉　少々
サラダ油　大さじ3

■ つくり方　Large

1. 豚肉は食べやすい大きさに切る。赤玉ねぎは縦薄切り、赤ピーマンは縦半分に切ってへたと種を除き、縦薄切りにする。セロリは縦半分に切って斜め薄切りにする。野菜はすべて一緒にざっと水に通してざるに上げ、水気をよくきる。
2. 豚肉は焼く直前に塩、こしょうをふり、小麦粉をまぶし、余分な粉を落とすⓐ。フライパンにサラダ油を中火で熱し、豚肉を広げて入れ、3分ほど炒めてこんがり色づいたら返し、さらに3分焼く。油を拭き取り、弱火にしてカリカリになるまで焼くⓑ。取り出して油をきる。
3. ボウルにたれの材料を混ぜ合わせ、1の野菜と2をあえて器に盛る。

■ Point

カラッとさせたいので、小麦粉をまぶしたら余分な粉を落とす

油を拭き取ったあと、全体に広げて、カリカリになるまで焼く

break time
「揚げない」おやつコラム1

チーズのパン包み焼き

食パンとチーズがあれば、手軽にできる
まるで揚げたような、パンのおやつ。
とろ〜りとろけたチーズがおいしい焼きたてを。

■ 材料（2人分）
サンドイッチ用食パン（耳なし）　6枚
プロセスチーズ（切れてるタイプ）　6切れ（48g）
のり（小麦粉小さじ1と水小さじ1/2を練り混ぜたもの）
サラダ油　大さじ2

■ つくり方　Large

1. 食パンを麺棒で厚さ3mmにのばす ⓐ。
2. 食パンの中央にチーズをのせ、両端と向こう側にのりを塗り ⓑ、手前からたたんで包み ⓒ、端を押さえて閉じる。
3. フライパンにサラダ油を熱し、2を並べ、強めの中火で時々返しながら両面が色づくまで約4分焼く。

■ Point

ⓐ

ⓑ

ⓒ

第 2 章

「揚げない」魚介の揚げもの

魚でつくる人気の揚げもの、あじフライやえびカツも揚げずに簡単。
そのほか、さつま揚げや南蛮漬けなども
家でつくれば断然おいしさが違うので、手づくりをぜひ
味わってみてください。これだけはマスターして
レパートリーに加えたい、魚レシピを網羅！

えびフライ

こんがりきつね色のフライごろもに包まれた、洋食屋さんの定番メニュー。たった大さじ3杯の油でまるで揚げたかのような、サクッとしたでき上がりに。

■ 材料（2人分）
えび（殻つき）　6尾（200g）
ころも
　┌ 小麦粉　適量
　│ 溶き卵　1個分
　└ パン粉　適量
塩、こしょう　各少々
サラダ油　大さじ3

■ つくり方　Small

1. えびは尾と一節を残して殻をむき、背を丸めて竹串で背わたを取る。焼いたときに縮まないように、腹側に切れ目を数本入れⓐ、軽くのばす。包丁の背で尾の水分をしごき出すⓑ。ペーパータオルで水気を拭き取り、塩、こしょうをふる。
2. 1にころもの小麦粉をまぶし、溶き卵にくぐらせ、パン粉をまぶす。
3. フライパンにサラダ油を中火で熱し、2を並べ入れて3分ほど焼く。きれいな焼き色がついたら返し、油をかけながら3分ほどカリッとするまで焼くⓒ。取り出して油をきる。

■ Point

腹側に浅く切れ目を入れて軽くのばしておくと、縮まないで形よく焼き上がる

はねないよう、包丁の背で尾から水分をしごき出しておく

火が通りにくい腹側のほうに油をかけながら焼く

あじフライ

代表的な魚のフライで、定食屋さんでも人気。こんがりと焼くコツは、ころもを丁寧につけて、油をかけながら焼くこと。

■ 材料（2人分）
あじ（1枚開き）　4枚（200g）
ころも
　┌ 小麦粉　適量
　│ 溶き卵　1個分
　└ パン粉　適量
塩、こしょう　各少々
サラダ油　大さじ3

■ つくり方　Large

1. あじは塩、こしょうをふって、ころもを小麦粉、溶き卵、パン粉の順につける。先にすべてのあじに小麦粉をつけておき、一尾ずつ尾を持って溶き卵をつけⓐ、続けてパン粉をまぶすⓑ。
2. フライパンにサラダ油を中火で熱し、1の皮の面を下にして入れ、3分ほど焼く。きつね色になったら返して、焼き色の薄い部分に油をかけながらⓒ、同様に3分ほど焼く。

■ Point

溶き卵をつけるときは、尾を持つと手を汚さずにつけられる

パン粉を入れたバットに移し、上からパン粉をかけて押さえる

焼き色が薄い部分には油をかけると色がつく

いわしのさつま揚げ

旬の魚でつくるさつま揚げも、つくってみれば簡単。
包丁で魚の身をたたくと同時に、
みそやしょうがを混ぜ込んでまとめて、大さじ3杯の油で焼くだけです。

■ 材料（2人分）
いわし（3枚おろし）　200g（正味）
A ┌ みそ　大さじ1/2
　├ 片栗粉　大さじ2
　└ おろししょうが　小さじ1
サラダ油　適量

■ つくり方　Small

1. いわしは包丁で細かくたたき、Aの材料を順に加えながら、包丁でよくたたき混ぜるⓐ。8等分して、手にサラダ油少々をつけて小判形にまとめるⓑ。
2. フライパンにサラダ油大さじ3を中火で熱し、2を入れて約3分焼く。きれいな焼き色がついたら返し、中まで火が通ってこんがりとした色がつくまで3分ほど焼く。油を拭き取り、さらに2分ほどカリッとするまで焼く。

■ Point

ⓐ いわしを粗く刻んだところにそのほかのたねの材料をのせて包丁でたたきながら混ぜる

ⓑ 油を手につけると魚が手にくっつかずにまとめられる

鮭のアーモンドフライ

ころもにスライスアーモンドを使った、変わりごろもの揚げもの。
これももちろん、フライパンで焼いてつくることができます。
パセリを混ぜたパセリマヨネーズを添えてどうぞ。

■ 材料（2人分）
生鮭の切り身　2切れ（200g）
ころも
　┌ 小麦粉　適量
　│ 溶き卵　1個分
　└ スライスアーモンド　100g
塩　小さじ1/4
こしょう　少々
サラダ油　大さじ3
パセリマヨネーズ
　┌ マヨネーズ　大さじ3
　└ パセリのみじん切り　大さじ1

■ つくり方　　Large

1. 鮭はひと切れを4等分のそぎ切りにし、塩、こしょうで下味をつける。
2. ころもをつける。1の鮭に小麦粉をまぶす。溶き卵にくぐらせてアーモンドをまぶしⓐ、しっかりとつける。
3. フライパンにサラダ油を中火で熱し、2の鮭を入れ、4〜5分焼く。きれいな焼き色がついたら返して、同様に焼くⓑ。
4. 器に盛り、パセリのみじん切りを混ぜたマヨネーズを添える。

■ Point

溶き卵は左手でつけ、アーモンドはきれいな右手（利き手）を使うとしっかりとつけられる

アーモンドがはがれないよう、そっと返すこと

えびカツサンド

洋食ごちそうメニューのえびカツは、卵焼き器で焼くことができます。
皿に盛りつければ、おかずとして食べられますが
パンにはさんで、サンドイッチにするのがおすすめです。

えびカツ

■ 材料（2人分）
むきえび　100g
ころも
　┌ 小麦粉　適量
　│ 溶き卵　1個分
　└ パン粉　適量
塩、こしょう　各少々
片栗粉　適量
サラダ油　大さじ3

■ つくり方　🍳 Egg

1. えびは背わたを取り、片栗粉少々でもみ、きれいに洗って水気を拭き取る。1cm幅くらいに切って、塩、こしょう、片栗粉大さじ1をのせ、包丁でたたいて粗く刻みながら混ぜるⓐ。2等分して、手に水をつけて円形にまとめるⓑ。
2. 小麦粉、溶き卵、パン粉の順にころもをつけるⓒ。
3. 卵焼き器にサラダ油を中火で熱し、2を入れて3分ほど焼く。きれいな焼き色がついたら返して、さらに3分ほど均一に色づくまで焼く。取り出して油をきる。

■ Point

包丁でたたきながら、えびに塩、こしょう、片栗粉を混ぜる

円形にまとめるときは、手に水をつけるときれいにできる

小麦粉をつけたら、フライ返しを使って溶き卵をつける

えびカツサンド

■ 材料（2人分）とつくり方
ドッグパン2本にサラダ菜適量を敷き、マヨネーズ、ケチャップ各適量を絞り出し、えびカツ2個を半分に切ってはさむ。

あじの南蛮漬け

甘酸っぱいたれでさっぱりと食べられる南蛮漬けも
大さじ3杯の油で焼いてできます。つくりたても、
味がなじんでからでも、どちらもおいしく食べられます。

■ 材料（2人分）

あじ（3枚開き。ぜいごを取ったもの）　2尾分（200g）
長ねぎ　1/4本
赤ピーマン　1/2個
漬け汁
　┌ 水　100ml
　│ 酒　大さじ2
　│ みりん　大さじ2
　│ しょうゆ　大さじ2
　│ 酢　大さじ2
　│ 砂糖　大さじ1/2
　└ 赤唐辛子の小口切り　1本分
塩　少々
小麦粉　適量
サラダ油　大さじ3

■ つくり方　Small

1. あじは小骨を抜き、半分にそぎ切りにして塩をふる。長ねぎは長さ5cm、5mm幅に切る。赤ピーマンはへたと種を除いて、縦薄切りにする。
2. 漬け汁の材料をさっと煮立てて酒とみりんのアルコール分をとばし、バットにあける。
3. あじは水気を拭き取り、ごく薄く小麦粉をまぶし、余分な粉ははたいて取り除くⓐ。
4. フライパンにサラダ油を中火で熱し、3の皮目を下にして入れ、3分ほど焼いて、焼き色がついたら返し、さらに3分焼く。油を拭き取り、弱火で皮目がカリッとするまで焼くⓑ。すぐに2の漬け汁に浸して味をなじませ、長ねぎと赤ピーマンを散らす。

■ Point

カリッと仕上げたいので余分な粉は落とす

油を拭き取って水分をとばしながら焼き、カリッとさせる

えびとコーンの包み揚げ

プリッとしたえびと甘いとうもろこしを
サクッと焼いたシュウマイの皮とともに味わいます。
おつまみに、おかずにと、繰り返しつくりたいレシピです。

■ 材料（2人分）

むきえび　100g
とうもろこし　1/2本（正味100g）
シュウマイの皮　1/2袋（12枚）
A ┌ 塩　少々
　├ こしょう　少々
　├ 酒　小さじ1/2
　└ ごま油　少々
B ┌ 卵　1/2個
　├ 塩　小さじ1/4
　└ 小麦粉　大さじ2
片栗粉　適量
サラダ油　大さじ3

■ つくり方　　Large

1. えびはあれば背わたを取り、片栗粉をまぶしてきれいに洗いⓐ、水気をよく拭き取る。1cm大に切り、Aで下味をつける。
2. とうもろこしは、実を包丁でこそげ取る。
3. ボウルに1のえびと2のとうもろこしを入れ、Bを入れてよく練り混ぜる。
4. シュウマイの皮を並べ、等分に3を中央にのせ（大さじ1くらい）、両端からたたんで棒状に巻くⓑ。
5. フライパンにサラダ油を熱し、4の閉じ目を下にして入れⓒ、3分ほど弱めの中火で焼いて、薄いきつね色になったら返す。同様に2〜3分中に火が通り、皮が薄いきつね色になるまで焼いて取り出す。

■ Point

えびのぬめりと臭みを除くために片栗粉をまぶして洗う

皮の真ん中にたねをのせ、左右からたたんでくっつける

閉じ目を下にしてフライパンに入れて焼き始める

たこの土佐揚げ

削り節入りのころもをまとわせた、おつまみおかずです。
水分の多いたこははねるので、ふたをして焼きます。

■ 材料（2人分）

ゆでたこ　150g
ころも
　┌ 米粉　大さじ2と1/2
　│ 小麦粉　大さじ2と1/2
　│ 冷水　大さじ3と1/2
　└ 削り節　2パック（6g）
A ┌ しょうゆ　小さじ1
　└ 酒　小さじ1
小麦粉　適量
サラダ油　大さじ3

■ つくり方　Small

1. たこは小さめのひと口大に切り、Aをまぶして下味をつける。
2. ボウルにころもの材料を入れ、よく混ぜる。
3. 1のたこの汁気を拭き取って小麦粉をまぶし、2に加えて混ぜる。
4. フライパンにサラダ油を中火で熱し、たこをひと切れずつ離して入れ、ふたをして1〜2分したら返し（ふたについた水滴は返すときに拭き取る）、同様に焼く。ふたを取り、油を拭いて弱火にし、全体がカリッとするまで焼きつける。

さわらのから揚げ 黒酢あん

こくのある黒酢あんが、ごはんによく合う切り身魚のおかず。
季節の魚、何でも応用することができます。

■ 材料（2人分）

さわらの切り身　2切れ（200g）
ころも
　┌ 溶き卵　1/2個分
　└ 片栗粉　大さじ3
A ┌ 酒、しょうゆ　各大さじ1/2
　└ おろししょうが　小さじ1/2
黒酢あん
　┌ 黒酢、砂糖、しょうゆ
　│　　各大さじ1と1/2
　│ 水　大さじ4
　└ 片栗粉　小さじ2
サラダ油　大さじ3
レタス（ちぎる）　1〜2枚

■ つくり方　Small

1. さわらはひと口大に切り、Aをまぶして10分ほどおく。
2. 1の漬け汁を捨て、ころもの溶き卵をからめ、片栗粉をまぶす。
3. フライパンにサラダ油を中火で熱し、2を入れて片面3分ずつ両面を焼き、八分通り色づいたら油を拭く。弱火にしてカリッとするまで焼く。レタスを敷いた皿に盛る。
4. 3のフライパンをきれいにし、黒酢あんの材料を入れて混ぜ、煮立ててとろみをつける。3にかける。

break time
「揚げない」おやつコラム2

大学いも

さつまいもが1本あればできる、手軽なおやつ。
カリッと焼いたさつまいもを、しょうゆ風味のみつに
からめれば、でき上がりです。

■ 材料（2人分）
さつまいも　1本（300g）
合わせ調味料
　┌ 酒　大さじ1
　│ 砂糖　大さじ3
　└ しょうゆ　大さじ1/2
サラダ油　大さじ3
黒ごま　小さじ1

■ つくり方　Large

1. さつまいもは細長い乱切りにする。合わせ調味料を混ぜ合わせる。
2. フライパンにサラダ油を中火で熱し、さつまいもを入れて中まで火が通って表面がパリッとするまで、転がしながら12分ほど焼くⓐ。
3. フライパンの油を拭き取り、さらに1〜2分炒めてカリッとさせⓑ、取り出す。
4. 3のフライパンに1の合わせ調味料を入れて弱めの中火で煮詰め、あめ状になったら3のさつまいもを戻してⓒ、手早く混ぜ合わせ、仕上げに黒ごまをふる。

■ Point

第3章
「揚げない」野菜と豆腐の揚げもの

ころもをつけずに、カリッと焼くフライドポテトや野菜チップス。
豆腐の揚げもの風などは、手軽にできて、
もう1品ほしいときに役立ちそう。
野菜の肉巻きやはさみ焼きなど、肉を合わせたメインのおかずになるものまで、
季節の野菜でつくりたいレシピがずら～り！

シューストリングスのサラダ

じゃがいもの細いせん切りのクリスピーなおかず。
とっておきの食べ方は、さらし玉ねぎとレモンの
酸味をきかせたサラダにすることです。

シューストリングス

■ 材料（2人分）
じゃがいも　1個（150g）
サラダ油　大さじ3

■ つくり方　🍳 Large

1. じゃがいもは皮をむいて3〜4mm幅のせん切りにし（スライサーか、せん切り器で）、水に放して2〜3分おく ⓐ。ざるに上げ、ペーパータオルを敷いたバットにのせ、水気をよく拭き取る ⓑ。
2. フライパンにサラダ油を弱めの中火で熱し、1を入れてサラダ油全体に浸るようにして、3〜4分触らずにそのまま焼く ⓒ。
3. 表面が固まってきたら、時々そっと混ぜて均一に色づくようにして、10〜12分炒める。パリッとなったら油を拭き取って、弱火にしてカリカリにする ⓓ。取り出して油をきる。

シューストリングスのサラダ

■ 材料（2人分）とつくり方
玉ねぎ1/2個（100g）は縦薄切りにして冷水に5分ほどつけてシャキッとさせ、ざるに上げて水気をよくきる。器に盛り、**シューストリングス全量**をのせ、**パセリのみじん切り適量**をふり、**塩、粗びき黒こしょう各少々、レモンの絞り汁小さじ1**をかける。混ぜて食べる。

■ Point

せん切りにしたら、水にさらしてでんぷん質を除く

ペーパータオルに広げてよく水気を拭き取る

水分が抜けるよう、しばらく触らずに火を通す

パリッとなったら、油を拭き取り、さらにカリカリにする

フライドポテト

おつまみとして、サンドイッチやステーキのつけ合わせとして
ポピュラーなフライドポテトも、
ほんの大さじ3杯の油で手軽につくることができます。

■ 材料（2人分）
じゃがいも　2個（300g）
サラダ油　大さじ3
塩　少々

■ つくり方　Large

1. じゃがいもは皮をむいて、1cm幅の拍子木切りにする。ペーパータオルで水気を拭き取る。
2. フライパンにサラダ油を入れ、冷たいうちに1のじゃがいもを入れて弱めの中火で15分、時々返しながら焼く。
3. まわりが揚がったようにカリッとしてきたら、油を拭き取って、表面がこんがり色づき、全体がカリカリになるまで焼く。器に盛り、塩をふる。

カリフラワーのカリカリチーズ揚げ

カリフラワーは火を通すとほっくりして、
ひと味違った味わいに。
こんがり焼けたチーズが食欲を誘います。

■ 材料(2人分)
カリフラワー　200g
ころも
　┌ 米粉　大さじ3
　│ 小麦粉　大さじ3
　└ 冷水　大さじ4
粉チーズ(パルメザン
　チーズ)　大さじ3
サラダ油　大さじ3
塩　少々

■ つくり方 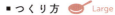 Large

1. カリフラワーは厚さ2cmのひと口大に切る。
2. ころもの材料をよく混ぜたところに粉チーズを加えて混ぜ合わせ、カリフラワーを加えて混ぜる。
3. フライパンにサラダ油を中火で熱し、カリフラワーをくっつかないように入れて、途中返しながら、表面全体がカリッとするまで9〜10分焼く。器に盛り、塩をふる。

精進揚げ

少ない油で焼くときに、米粉入りのころもをつければ、
カリッ、サクッとした食感に焼き上がります。
色とりどりの野菜を焼いて天ぷらの盛り合わせ風に。

なすの天ぷら

■ 材料（2人分）
なす　2本（160g）
ころも
- 米粉　大さじ3
- 小麦粉　大さじ3
- 冷水　50㎖

サラダ油　大さじ3

■ つくり方  Large

1. ころもの材料をよく混ぜ合わせる。なすはへたを取り、縦に厚さ1cmに切ってころもをからめる。
2. フライパンにサラダ油を中火で熱し、なすを入れⓐ、3分ずつ両面がカリッとするまで焼く。

■ Point

ころものボウルに野菜を入れて余分なころもを軽く拭き取り、フライパンに入れる

かぼちゃの天ぷら

■ 材料（2人分）
かぼちゃ　200g
ころも
- 米粉　大さじ3
- 小麦粉　大さじ3
- 冷水　50㎖

サラダ油　大さじ3

■ つくり方 Large

1. かぼちゃは厚さ1cmに切る。
2. ころもの材料をよく混ぜて、かぼちゃにからめる。
3. フライパンにサラダ油を中火で熱し、かぼちゃを入れて、3〜4分ずつ両面がカリッとするまで焼く。

ズッキーニの天ぷら

■ 材料（2人分）
ズッキーニ　1本（150g）
ころも
- 米粉　大さじ3
- 小麦粉　大さじ3
- 冷水　50㎖

サラダ油　大さじ3

■ つくり方 Large

1. ズッキーニは長さを半分に切って厚さ1cmに切る。
2. ころもの材料をよく混ぜて、ズッキーニにからめる。
3. フライパンにサラダ油を中火で熱し、ズッキーニを入れて、3分ずつ両面がカリッとするまで焼く。

いも天

さつまいもを小麦粉と水だけのころもにくぐらせて焼くと、
ほっくり、やさしい甘みのおいもの天ぷらのように。
おべんとうのおかずや、思い立ったときに手軽につくれます。

■材料（2人分）
さつまいも（小）
　1本（200g）
ころも
　┌ 冷水　40㎖
　└ 小麦粉　大さじ5
サラダ油　大さじ3

■つくり方　Large

1. さつまいもは厚さ1㎝の輪切りにする。
2. ころもをつくる。ボウルに分量の水と小麦粉を入れてよく混ぜ合わせる。
3. フライパンにサラダ油を中火で熱し、1のさつまいもに2のころもをつけて余分なころもを少しこそげ取って入れ、4分ほど焼く。ころもが固まったら返して同様に焼く。竹串が通ったら、少し色づくまで2〜3分返しながら焼く。取り出して油をきる。

玉ねぎのかき揚げ

玉ねぎを揚げるように焼いて、甘みをぐっと引き出して。
カリッとした香ばしさと玉ねぎの甘みが
サックリころもと合わさり、あとを引くおいしさです。

■ 材料（2人分）
玉ねぎ　1/2個（100g）
桜えび　大さじ3
ころも
　┌ 米粉　大さじ3
　│ 小麦粉　大さじ3
　└ 冷水　50㎖
サラダ油　大さじ3

■ つくり方　Large

1. 玉ねぎは縦薄切りにする。
2. ころもの材料をよく混ぜたところに、玉ねぎと桜えびを加え混ぜる。
3. フライパンにサラダ油を中火で熱し、2をスプーンでひとすくいずつ、くっつかないように入れて、ころもが固まってきたら途中返しながら、両面がカリッとするまで5〜6分焼く。取り出して油をきる。

揚げ豆腐のサラダ

しっかり豆腐の水きりをして焼くと、ぎゅっとうまみが凝縮してしょうがじょうゆ味ととてもよい相性に。シンプルに揚げ豆腐だけでもおいしいけれど、豆苗を合わせたサラダは絶品です。

揚げ豆腐

■ 材料（2人分）
木綿豆腐　1丁（300g）
塩　少々
サラダ油　大さじ3

■ つくり方　Large

1. 豆腐は厚みを半分に切ってひと口大に切る。塩をふり、ペーパータオルではさんで30分ほどおき、水気をきるⓐ。
2. フライパンにサラダ油を中火で熱し、1の豆腐の水気をよく拭き取って入れⓑ、表面がカリッとするまで7〜8分焼き、返してフライパンを傾けて側面にも焼き色をつけながらⓒ、もう片面も7〜8分焼く。
3. フライパンの油を拭き取りⓓ、さらにカリッとするまで焼く。

揚げ豆腐のサラダ

■ 材料（2人分）とつくり方
豆苗1/2パックは根を切り落とし、ざく切りにする。玉ねぎ1/4個（50g）は縦薄切りにして豆苗とともに2〜3分水に放してシャキッとさせ、ざるに上げる。トマト1/2個は4等分に切って横半分に切る。器に豆苗、玉ねぎ、トマト、**揚げ豆腐全量を盛り、ドレッシング（しょうゆ、酢各大さじ1、砂糖小さじ1/2、塩少々、ごま油、おろししょうが各小さじ1）**をかける。

■ Point

塩をふり、ペーパータオルではさみ、しっかり水きりする

豆腐の水気をしっかり拭いて油に入れて焼く

豆腐の側面はフライパンを傾けて焼き色をつける

焼き色がついたら油を拭き取って焼き、さらにカリッとさせる

がんもどき

「豆腐でつくる揚げもの」の「がんもどき」が、フライパンで焼いてできます。少ない油で火を通すので形は平らにして。できたての味は格別。大根おろしを添えて、さっぱりと。

■ 材料（2人分）
木綿豆腐　1丁（300g）
芽ひじき（乾燥）　大さじ1/2（2g）
にんじん　1/5本（30g）
絹さや　8枚（30g）
片栗粉　大さじ1
塩　小さじ1/2
サラダ油　大さじ3
大根おろし、しょうゆ　各適量

■ つくり方　🍳 Large

1. 豆腐は厚みを半分に切ってペーパータオルで包み、30分ほどおいてしっかり水きりをするⓐ。
2. ひじきは水に30分つけてざるに上げ、流水でざっと洗い、水気をよく拭く。にんじんは長さ2cmの細切り、絹さやは筋を取って斜めに細切りにする。
3. ボウルに1の豆腐、片栗粉、塩を入れよく混ぜⓑ、2のひじきと野菜を加えて混ぜ合わせる。8等分にし、小判形にまとめる。
4. フライパンにサラダ油を中火で熱し、3を離して並べ入れⓒ、8分ほど焼く。きれいな焼き色がついたら返し、さらに8分焼く。
5. 両面が焼けたら、フライパンを少し傾けながら側面を焼き、最後に油を拭き取り、カリッとするまで焼くⓓ。油をきって器に盛り、大根おろしに、しょうゆをかけて添える。

■ Point

ⓐ 二重にしたペーパータオルにひと切れずつ包み30分水きりする

ⓑ 片栗粉をつなぎに加えると、柔らかく仕上がる

ⓒ 隣りどうしくっつかないようフライパンに並べて焼く

ⓓ フライパンの油を拭き取り、表面がカリッとするまで焼く

なすの揚げびたし

油との相性が抜群のなすを「揚げなす」にする変わりに、
香ばしく焼いて、さらに表面をカリッと仕上げます。
果肉が柔らかくなり甘みが引き出され、まるで揚げなすのような味わいに。

■ 材料（2人分）
なす　2〜3本（240g）
漬け汁
　　だし汁　50㎖
　　酒　大さじ1
　　みりん　大さじ1
　　しょうゆ　大さじ1
サラダ油　大さじ3
みょうが　1個
青じそ　4枚

■ つくり方　Large

1. 漬け汁をつくる。鍋にだし汁を煮立て、酒、みりんを入れて煮立ったらしょうゆを加えてひと煮して、バットにあける。
2. みょうがは小口切り、青じそは縦半分に切って横細切りにし、ともにざるに入れてほぐしながら洗う。
3. なすはへたを取り、縦に4〜6等分に切る。
4. フライパンにサラダ油を強めの中火で熱し、なすの皮を下にして並べ入れⓐ、4分ほど焼く。油が出てきたら返して2分ほど表面全体に焼き色をつけ、油を拭き取って、さらに表面がカリッとするまで焼くⓑ。1の漬け汁につけるⓒ。
5. 4を器に盛り、2のみょうがと青じその水気をきってのせる。

■ Point

なすは皮を下にして焼くと、皮の色がきれいに仕上がる

焼き色が全体についたら、油を拭き取り、さらに表面がカリッとするまで焼く

カリッと焼けたら、漬け汁につける

里いものだんご揚げ

里いもを皮つきのままレンジで加熱して柔らかくします。
皮をつるっとむいたら、しょうゆをまぶして焼くだけ。
ねっとりなめらかな「おだんご」のでき上がり。

■ 材料（2人分）
里いも　400g
しょうゆ　大さじ1
小麦粉　適量
サラダ油　大さじ2

■ つくり方　🍳 Large

1. 里いもは耐熱皿に並べ、ラップをして電子レンジで約7分加熱する。熱いうちに皮をむき、大きいものは半分に切り、しょうゆをまぶして5分おく。
2. フライパンにサラダ油を中火で熱し、1の里いもの汁気をきって小麦粉をまぶして入れる。時々返しながら7〜8分、全体がこんがりとするまで焼いて、取り出して油をきる。

じゃがいもとねぎのお焼き風

フライパンいっぱいに、生地を流し込んで、
全体をカリッと焼き上げたら、まるで大きなかき揚げのよう。
バリバリッと手で割りながら召し上がれ。

■ 材料（2人分）
じゃがいも　1個（150g）
長ねぎ　1/3本（30g）
生しいたけ　2枚（40g）
生地
　┌ 米粉　大さじ5
　│ 小麦粉　大さじ5
　│ 冷水　大さじ5
　└ 塩　少々
サラダ油　大さじ2

■ つくり方　Small

1. じゃがいもは8mm角に切る。長ねぎは長さ1cmに切る。しいたけは石づきを取って1cm角に切る。
2. 生地の材料をよく混ぜたところに、じゃがいもとねぎとしいたけを加え混ぜる。
3. フライパンにサラダ油を中火で熱し、2を流し入れ、厚みを均一にして4分ほど焼く。底が固まったら、返して、さらに4分ほど焼く。両面がカリッとし、中まで火が通ったら油を拭き取り、両面が色づくまでさらに2～3分焼く。

れんこんのはさみ焼き

揚げもののような香ばしさと
れんこんのほっくりとした食感が魅力。
薄いころもにくぐらせて表面をカリッと焼き上げます。

■ 材料（8個分）

れんこん
　（直径5cmくらいのもの）　150g
ひき肉だね
　┌ 豚ひき肉　100g
　│ おろししょうが　小さじ1/2
　│ 酒　小さじ1
　│ しょうゆ　小さじ1
　│ ごま油　小さじ1
　│ 片栗粉　小さじ2
　│ 塩　少々
　└ こしょう　少々
ころも
　┌ 米粉　大さじ2
　│ 小麦粉　大さじ2
　│ 水　大さじ2
　└ ごま油　大さじ1
小麦粉　少々
サラダ油　大さじ3

■ つくり方　Large

1. れんこんは皮をむき、厚さ5mmに切る（16枚用意する）。
2. ボウルにひき肉だねの材料を入れてよく練り混ぜる。
3. 1の輪切りのれんこんを並べ、茶こしで小麦粉をふる。2枚1組にして、小麦粉をふった面を内側にして2のひき肉だねをしっかり押してはさむⓐ。
4. ボウルにころもの材料を混ぜ合わせるⓑ。
5. フライパンにサラダ油を弱めの中火で熱し、3に4のころもをからめて並べ、4分ほど焼くⓒ。きれいな焼き色がついたら返して、フライパンを傾けながら、中に火が通るまで4分ほど焼く。油を拭き取って、カリッとするまでさらに2分ほど両面を焼く。

■ Point

等分した肉だねをしっかり押してはさみ、側面にはみ出したたねもきれいにはさみ込む

ころもが濃いと焼いているあいだに下に落ちてくるので、表面に薄くからむ程度の薄いころもにする

弱めの中火で片面4分ずつ焼いて全体に焼き色をつける

アスパラの肉巻きフライ

おべんとうのおかずや、おつまみにも人気の肉巻きのフライは、薄い肉を使って焼くと、カリッとおいしくできます。
1分30秒ごとに回転させて焼くことがコツ。

■ 材料（2人分）
グリーンアスパラガス　4本（150g）
豚ももしゃぶしゃぶ用肉　80g
ころも
　┌ 小麦粉　適量
　│ 溶き卵　1個分
　└ パン粉　適量
塩、こしょう　各少々
サラダ油　大さじ3

■ つくり方　Large

1. グリーンアスパラは根元1cmを切り落とし、下5cmの皮をむき、長さを半分に切る。
2. 1に豚肉を巻きつけ ⓐ、塩、こしょうをふる。小麦粉、溶き卵、パン粉の順にころもをつける。
3. フライパンにサラダ油を中火で熱し、2を並べ入れ、1分30秒ごとに回転させながら ⓑ、均一にこんがりとした色がつくように7～8分かけて焼く。

■ Point

長さを半分に切ったアスパラに豚肉を巻きつける

アスパラガスは、1分30秒ごとに回転させながら焼き、全体に焼き色をつける

ズッキーニのパリパリチーズ焼き

輪切りにしたズッキーニの片面にカリッと焼けたチーズがはりついた、おつまみの新メニュー。チーズのこくと塩気が絶妙のバランスで、止まらないおいしさです。

■ 材料（2人分）
ズッキーニ　1本（200g）
粉チーズ（パルメザンチーズ）
　　大さじ3
塩、こしょう　各少々
オリーブ油　大さじ1/2

■ つくり方　Large

1. ズッキーニは厚さ1cmの輪切りにする。
2. フライパンにオリーブ油を中火で熱し、ズッキーニを2〜3分ずつ両面を色よく焼き、塩、こしょうで調味する。
3. 上面に粉チーズをのせ、返してチーズが少し色づくまで2〜3分焼く。

じゃがいものパリパリチーズ焼き

電子レンジで加熱したじゃがいもを粉チーズのころもで焼きます。
使う油の量はわずか大さじ1/2。
カリッと焼けたチーズとともに、ほっくりじゃがいもが味わえます。

■ 材料（2人分）
じゃがいも　2個（300g）
粉チーズ（パルメザンチーズ）
　大さじ4
塩、こしょう　各少々
オリーブ油　大さじ1/2

■ つくり方　Large

1. じゃがいもは皮をむいて厚さ1cmの輪切りにし、耐熱皿に広げ、ラップをして電子レンジで約3分加熱する。
2. フライパンにオリーブ油を中火で熱し、じゃがいもの水気をきって並べ、4分ずつ両面を色よく焼き、塩、こしょうで調味する。
3. 上面に粉チーズをのせ、返してチーズが色づくまで2〜3分焼く。

野菜チップス

苦みが魅力のにがうり、甘みとうまみがぎゅっと凝縮されるにんじん、独特の風味がくせになるごぼうの3種類の野菜のチップスです。

ゴーヤチップス

■ 材料（2人分）
ゴーヤ（小）　1/2本（50g）
サラダ油　大さじ3

■ つくり方　Large

1. ゴーヤはわたと種をスプーンで取り除き ⓐ、薄い輪切りにする。ペーパータオルではさんで、水分をしっかり除く。
2. フライパンにサラダ油を弱火で熱し、ゴーヤを入れ、ごく弱火で10〜15分焼く。ペーパータオルで油を吸い取り、カリッとするまで1〜2分焼く（焦げやすいので注意）ⓑ。

■ Point

スプーンでわたと種をかき出して除いて輪切りにする

油を拭き取ってから、さらにカリッとするまで焼く

にんじんチップス

■ 材料（2人分）
にんじん　1/3本（50g）
サラダ油　大さじ3

■ つくり方　Large

1. にんじんは薄い輪切りにする。
2. フライパンにサラダ油を弱火で熱し、にんじんを入れ、ゴーヤチップスのつくり方2と同様に焼く。

ごぼうチップス

■ 材料（2人分）
ごぼう　1/4本（50g）
サラダ油　大さじ3

■ つくり方　Small

1. ごぼうは長さ5cmに切り、縦に薄切りにする。
2. フライパンにサラダ油を弱火で熱し、ごぼうを入れ、ゴーヤチップスのつくり方2と同様に焼く。

break time

— 「揚げない」おやつコラム3 —

あん巻き

揚げずにできるスイーツ春巻き。
春巻きの皮であんを巻いて、スティック状にします。
少し春巻きの皮が残っているとき、つくってみてください。

■ 材料（6個分）
あん（市販）　50g
春巻きの皮　3枚
のり（小麦粉小さじ1と水小さじ1/2を練り混ぜたもの）
サラダ油　大さじ2

■ つくり方　Small

1. 春巻きの皮は対角線上に切り、三角形にする。
2. 春巻きの皮の切った辺を手前に置き、中心よりやや手前にあんを棒状にのせ ⓐ、ひと巻きしてから両端をたたみ ⓑ、クルクルと巻いて巻き終わりにのりをつけて閉じる ⓒ。
3. フライパンにサラダ油を熱し、2の巻き終わりを下にして並べ、ころがしながらきつね色になるまで4〜5分弱火で焼く。

■ Point

break time
「揚げない」おやつコラム 4

りんご巻き

りんごを春巻きの皮で包んでつくる、
即席ミニアップルパイ。中に入れるのはりんごだけ。
あっという間にできる、アツアツおやつです。

■ 材料（6個分）
りんご　1/2個
砂糖　小さじ2
春巻きの皮　3枚
のり（小麦粉小さじ1と水小さじ1/2を練り混ぜたもの）
サラダ油　大さじ2

■ つくり方　Small

1. 春巻きの皮は対角線上に切り、三角形にする。
2. りんごは5mm幅の棒状に切る。
3. 春巻きの皮の切った辺を手前に置き、中心よりやや手前にりんごをのせⓐ、砂糖をふり、長方形になるように包み、のりで閉じる。
4. フライパンにサラダ油を熱し、3の巻き終わりを下にして並べ、時々上下を返しながらきつね色になるまで約10分弱火で焼く。

■ Point

焼きドーナツ

粉と卵と牛乳を混ぜ合わせて生地をフライパンで焼いて、
焼きドーナツはいかが。型も揚げ油も使わないから簡単。
フライパンに生地を並べたら、ふたをしてふんわり焼き上げます。

■ 材料（12個分）

生地
- 小麦粉　300g
- ベーキングパウダー　小さじ2
- 卵　1個
- 砂糖　80g
- 塩　少々
- 牛乳　100ml
- サラダ油　小さじ1

サラダ油　大さじ3×2
打ち粉（小麦粉）　適量
粉砂糖　適量

■ つくり方　Large

1. 小麦粉とベーキングパウダーは合わせてふるっておく。
2. ボウルに卵を溶きほぐし、砂糖と塩を加えて泡立て器で砂糖が溶けるまで混ぜる。
3. 2に牛乳とサラダ油を加えて混ぜる。
4. 3に1を加え、ゴムベラで混ぜ、ひとまとまりになったら12等分して丸める。打ち粉をふった台にのせ、ペットボトルのキャップで中央をくり抜いてリング型にするⓐ。くり抜いた部分はミニドーナツにする。
5. フライパンにサラダ油大さじ3を弱火で熱し、4の半量を入れる。ふたをして約7分焼きⓑ、きれいな焼き色がついたら返し、同様に焼く（途中、ふたについた水滴は拭き取る）。色づいたものから取り出す。
6. 残りの半量も同様に焼く。粗熱がとれたら粉砂糖をまぶす。

■ Point

ⓐ

ⓑ

INDEX

肉

【牛肉】
和牛コロッケ —— 24

【鶏肉】
鶏ささ身のごま揚げ —— 35
鶏むね肉の
　クリスピーチーズ焼き —— 30
鶏のから揚げ —— 12
天ぷらうどん（鶏天）—— 32
フライドチキン —— 22

【豚肉】
アスパラの肉巻きフライ —— 84
キャベツとんカツ —— 14
五目焼き春巻き —— 42
酢豚 —— 40
肉だんごのから揚げ —— 37
ひと口カツサンド（ヒレカツ）—— 16
豚こまのカレー串揚げ —— 38
豚天 —— 34
豚肉のアジア風揚げ漬け —— 44
豚肉の竜田揚げ —— 36
豚肉のミラネーゼ —— 28
れんこんのはさみ焼き —— 82

【ひき肉】
肉だんごのから揚げ —— 37
メンチカツ —— 20
和牛コロッケ —— 24

【羊肉】
ラムチョップのパン粉揚げ —— 26

【加工品】
ハムカツ —— 18

魚介

【あじ】
あじの南蛮漬け —— 58
あじフライ —— 50

【いわし】
いわしのさつま揚げ —— 52

【えび・桜えび】
えびカツサンド（えびカツ）—— 56
えびとコーンの包み揚げ —— 60
えびフライ —— 48
玉ねぎのかき揚げ —— 73

【鮭】
鮭のアーモンドフライ —— 54

【さわら】
さわらのから揚げ　黒酢あん —— 63

【たこ】
たこの土佐揚げ —— 62

【練り製品】
天ぷらうどん（ちくわ天）—— 32

野菜・果物

【アスパラガス】
アスパラの肉巻きフライ —— 84

【かぼちゃ】
精進揚げ（かぼちゃの天ぷら）—— 70

【カリフラワー】
カリフラワーの
　カリカリチーズ揚げ —— 69

【キャベツ】
キャベツとんカツ —— 14
ひと口カツサンド —— 16
メンチカツ —— 20

【ゴーヤ】
野菜チップス（ゴーヤチップス）—— 88

【ごぼう】
野菜チップス（ごぼうチップス）—— 88

【さつまいも】
いも天 —— 72
大学いも —— 64

【里いも】
里いものだんご揚げ —— 80

【しし唐辛子】
豚肉の竜田揚げ —— 36

【じゃがいも】
じゃがいもとねぎのお焼き風 —— 81
じゃがいもの
　パリパリチーズ焼き —— 87
シューストリングスのサラダ
　（シューストリングス）—— 66
フライドポテト —— 68
和牛コロッケ —— 24

【ズッキーニ】
精進揚げ（ズッキーニの天ぷら）—— 70
ズッキーニの
　パリパリチーズ焼き —— 86

【玉ねぎ】
シューストリングスのサラダ
　（シューストリングス）—— 66
玉ねぎのかき揚げ —— 73

【とうもろこし】
えびとコーンの包み揚げ —— 60

【長ねぎ】
じゃがいもとねぎのお焼き風 —— 81
豚こまのカレー串揚げ —— 38

【なす】
精進揚げ（なすの天ぷら）—— 70
なすの揚げびたし —— 78

【にんじん】
野菜チップス
　（にんじんチップス）—— 88

【れんこん】
れんこんのはさみ焼き —— 82

【りんご】
りんご巻き —— 91

豆腐・豆加工品・乳製品

【豆腐】
揚げ豆腐のサラダ（揚げ豆腐）—— 74
がんもどき —— 76

【あん】
あん巻き —— 90

【チーズ】
チーズのパン包み焼き —— 46
ハムカツ —— 18

パン・小麦粉製品・小麦粉

【食パン】
チーズのパン包み焼き —— 46

【シュウマイの皮】
えびとコーンの包み揚げ —— 60

【春巻きの皮】
あん巻き —— 90
五目焼き春巻き —— 42
りんご巻き —— 91

【小麦粉】
焼きドーナツ —— 92

石原洋子（いしはら・ひろこ）

日本料理、フランス料理、中国料理、韓国料理など、各分野の第一人者に学び、アシスタントを務めたのちに独立。自宅で主宰する料理教室は40年以上続く。テレビや雑誌などでも活躍中。毎日食べたくなるほっとする味で、わかりやすいレシピのファンが多い。著書に、『本当は秘密にしたい 料理教室のベストレシピ』（朝日新聞出版）、『くり返し作りたい 一生ものレシピ』（学研プラス）、『1：1：1で、おいしい和食』（河出書房新社）、『ちゃんと食べたいひとりごはん』『ひと皿で一日分の野菜がとれる よくばりレシピ』（以上、日本文芸社）などがある。

デザイン	吉村亮＋眞柄花穂（Yoshi-des.）
撮影	鈴木泰介
スタイリング	脇岡香子
調理アシスタント	荻田尚子　泉名彩乃　小山佐代子　清水美紀
編集協力	春日井富喜
器協力	UTUWA

ちょっとの油でサクッとおいしい
「揚（あ）げない」揚（あ）げもの

2016年9月20日　第1刷発行
2018年4月10日　第6刷発行

著 者	石原　洋子
発行者	中村　誠
印刷所	株式会社　光邦
製本所	株式会社　光邦
発行所	株式会社　日本文芸社

〒101-8407　東京都千代田区神田神保町1-7
TEL 03-3294-8931（営業）　03-3294-8920（編集）

Printed in Japan 112160907-112180326 Ⓝ06
ISBN978-4-537-21421-5
URL https://www.nihonbungeisha.co.jp/
©Hiroko Ishihara 2016

乱丁・落丁などの不良品がありましたら、小社製作部宛にお送りください。
送料小社負担にておとりかえいたします。
法律で認められた場合を除いて、本書からの複写・転載（電子化を含む）は禁じられています。
また、代行業者等の第三者による電子データ化及び電子書籍化は、いかなる場合も認められていません。

（編集担当：前川）